千寻 Neverend

选题策划　姚湘竹
项目编辑　张秀敏
　　　　　朱小亮
版权编辑　黄春琦
译文审订　黄春琦
责任印制　盛　杰
装帧设计　萝　卜
内文设计　史明明

Ichiro Kishimi

［日］岸见一郎 著
渠海霞 译

不管教的勇气

——跟阿德勒学育儿

晨光出版社

自序

为了孩子的幸福

我们做父母的不想让孩子再经历和我们一样的痛苦，但孩子们对我们的人生经验往往不屑一顾，于是就这样一代一代地重复着同样的错误，就像那不断涌来的波浪。在山本有三所著的《波浪》中，主人公面对着那不断涌来的波浪说出了下面的话：

“自有人类之后，时间过去了几万年，几十万年，可人类在这方面仿佛没有什么进步。我认为自然的发展是很缓慢的，简直是过于缓慢了。我这么想，难道是太性急了吗？”

我的父母看到我的生活方式也许曾有过以上的感觉，而我看着自己的孩子也有过同样的想法。

尽管如此，迷茫、失误、痛苦对于人类来说是不可避免的事情，不过这些也不是毫无益处。每个人都要通过这些经历来获得成长。

但是，完全依靠自然而然的成长未免太耗费时间，于是，为了孩子们尽量少经历挫折，为了他们能够幸福地生活，任何一个时代的父母都非常关心孩子们的教育问题。

并非一朝一夕能够学会

我写作本书的主要依据是阿尔弗雷德·阿德勒（Alfred Adler，1870–1937）创立的个体心理学。阿德勒在维也纳建立了世界上首个儿童指导中心，他很早就开始对教育给予极大关注，曾说心理学是并非一朝一夕就可以学会的学科。心理学不仅仅是要学习理论还必须不断付诸实践。

虽然，阿德勒的思想很简单。但是，对于那些通过本书初次接触阿德勒思想的读者而言，即使能够理解理论，实践起来恐怕也并不容易。这是因为人们往往不太容易接受与传统教育理念截然不同的新观点。此外，甚至还有人会觉得，自己以往对孩子所说所做的事情统统被否定了。

实际上，我们只有与孩子建立了良好关系，才能在孩子需要帮助的时候给予有效指导。关于如何与孩子建立良好关系，阿德勒为我们提供了简单、切实、有效的方案，所以希望大家即使有所抵触也要坚持读下去。

自立的三大条件

我认为教育的目标就是“自立”。

孩子小的时候，离开父母的帮助根本无法生存。但是，这种状态不会一直持续，很多情况下，孩子的独立期要比父母想象的来得更早。

但是，如果父母注意不到这一点，总是认为孩子还太小的话，孩子就会装作无法自立。父母如果不能很好地理解孩子的自立是怎么回事，那就很可能会妨碍孩子自立。

我认为自立需要以下三个条件。

1. 能够独立做出选择

我上小学的时候，有一次朋友打来电话问要不要出去玩儿。远离学区居住的我放学回家之后从未出去和朋友们玩儿过，所以就去问父母自己能不能出去玩儿。我那时认为出去玩儿必须得到父母的许可。

妈妈对我说："这种事情自己决定就好了。"听了妈妈的话之后，我深感惭愧。我也意识到自己在把无法决定的事情推给父母。而自立的首要条件就是能够对那些自己可以决定的事情和必须由自己来决定的事情独立做出选择。

2. 能够独立判断自己的价值

有的人无法独立判断自己的言行是否合适，如果得不到别人的认同就不能认可自己的价值。

无法独立确定自己言行的正确性，得到别人的赞美就开心，一旦被批评就会马上改变自己的言行，这其实是无法自立的表现。

之所以会变成这样是因为从小经常被大人批评或者表扬。孩子通常不希望被批评而是尽量被表扬，他们会为了满足父母的期望而好好表现，而好好表现的想法一旦无法达成就有可能会有坏的表现。

上面这两种做法都是为了展现自己的与众不同。但是，重要的并不是与别人不同，而是发现自身的价值。关于孩子应该如何接纳真实的自己这一问题，本书正文部分将进行详细说明。

3．摆脱自我中心主义

正如前面所讲，孩子在小时候需要父母不断的帮助，但有些孩子即使自己能够自立了依然假装什么都不会，理所当然地从周围的大人那里索取帮助。这样的孩子其实是错误地把自己当成了家庭的中心。

这样的孩子认为，只要一遇到麻烦，别人就必须为自己解决一切困难，自己必须是众人关注的焦点，如果得不到想要的关注，哪怕做坏事也要想办法得到。

通常，人们都会属于多个共同体。在共同体中找到存在感，觉得自己是共同体的一部分，但这和认为自己是共同体的中心完全是两回事。

如果需要的话，别人也许会帮助自己，但这绝不是别人的一种义务。总之，自立的第三个条件就是明白别人并不是为了满足自己的期待而活，进而摆脱自我中心主义。

正确应对孩子的学习

即使孩子不爱学习、无法取得好成绩，那也只能是孩子自己痛苦，只能由孩子自己来承担不好好学习的后果。从这个意义上来讲，我认为学习是孩子的课题。对于作为孩子个人课题的学习，我建议父母最好不要横加干涉。

即使提议不要干涉孩子的学习，还是会有很多父母忍不住去干预孩子的课题。这种做法不但会破坏亲子关系，还会打击孩子学习的积极性。

如果以考试为目标的话，孩子只是稍微学一点儿父母是不会满意的，他们会日日不厌其烦地唠叨要孩子好好学习。

如果孩子成绩好的话，父母的干涉带给孩子的不良影响也许还不明显，问题在于无法取得能够令父母和自己满意的成绩的时候，这种时候，有些孩子会更加努力地学习，但有些认为自己再怎么努力也不可能及格的孩子就会放弃学习。

虽然并不是只要好好学习就能够拥有幸福的人生。但是，孩子通过好好学习之后，将来就能够做一些不仅有益于自己而且有益于他人的工作，从这一点上来说，如果因为父母对孩子的学习横加干涉而导致孩子学习积极性下降，那危害的就不仅仅是孩子的人生了。

与其如此，我更希望父母们学习一些更恰当的干预方式。本书的特色就是详细论述在孩子学习方面父母应该做些什么，就父母在学习方面该如何帮助孩子提供了一些具体可行的方法。

构筑良好亲子关系的小窍门

我原本是研究哲学的，孩子出生之后借由接送孩子上托儿所这一契机，开始接触阿德勒心理学。

当时的我与现在不同，时间方面比较自由，于是就很自然地开始了育儿工作。但那时根本不懂该如何与孩子相处，每天都在错误和忙乱中度过。

不过，在朋友的推荐下我认识了阿德勒思想，这之后与孩子的关系发生了极大的变化。其实，比起从书本上学到的东西，我在与孩子的接触中学到的更多。

现在两个孩子都已经长大了，想起过去的岁月真是怀念不已。曾经每天接送孩子们上托儿所，之后是上小学，还有临考前的紧张，种种情景历历在目。

衷心希望我从与孩子相处的经历中学到的东西能够通过本书传达给读者朋友。

目录

目录

目录

Ichiro Kishimi

第一章

既不批评也不表扬的育儿方式

总是被批评的懦弱儿

很多人说，一看见孩子不学习或者是不听父母的话而任意妄为的时候，就会忍不住要狠狠批评。这种时候，父母往往认为训斥能够令孩子听自己的话。

但事实上是，孩子即使被批评也丝毫不会改变自己的行为，结果父母不得不日复一日地批评孩子。

如果孩子的行为没有任何改变，那就说明**批评并不是改变孩子行为的好方法。**尽管如此，很多父母依然希望能够通过更加严厉的批评使孩子有所悔改。

批评无法改变孩子的行为。被批评的时候，孩子都知道自己为什么会被批评。但他们还是会做一些挨批评的事情。没有孩子愿意被父母批评，但如果规规矩矩做事得不到回应的时候，他们往往就想要做一些令父母头疼的事情，通过被批评这种方式来获取父母的关注。

因此，**孩子之所以怎么批评都无所改变是因为他们希望通过被批评来获得父母的关注。**并不是明明被批评还不停止问题行为，而是正因为被批评才不停止问题行为。

批评确实见效比较快，孩子一旦被批评会暂时停止问题行为。但这仅仅是因为害怕父母。即使能够因为害怕父母而按照父母的话去做，这样的孩子最终也会变成为了逃避父母的批评而不去积极做事的懦弱消极的孩子。

前面写到孩子都知道自己为什么会被父母批评，但如果孩子太小的话，有时他会不知道自己的行为是需要改正的。我们可以拿在公交车中需要保持安静这件事作为例子。如果孩子不懂的话，**父母可以耐心解释，不必批评。**孩子明明不懂还要批评他，这是因为父母认为，即使跟孩子解释他们也无法理解。也就是说，父母不能平等地对待孩子。

因为不能平等对待孩子，所以跟孩子的关系就不好。孩子跟大人一样，也不希望在人际关系中被人小瞧。孩子们很难喜欢总爱批评人的父母。我们常常会犯的错误就是在批评了孩子、亲子关系被破坏之后还想要帮助孩子。但是，亲子关系一旦疏远了，父母根本无法帮助孩子。

那么，**不能批评的话，是不是表扬就可以呢？**事实上，表扬也有问题。

孩子会故意做一些被批评的事情。

寻求批评其实往往是为了寻求关注。

并非人人都会对你好言相向

自己做的事情得到了表扬，心里肯定很高兴。但是，如果形成任何时候都必须得到表扬的想法，那么一旦得不到表扬就会立即失去干劲儿。

孩子在学校大考或者模拟考试中取得好成绩的时候，父母该怎么做呢？“当然是表扬了”……大家仔细想想应该表扬吗？

学习的事情基本上应该由孩子独立解决。即使孩子不好好学习**考不了好成绩也只能由孩子自己来承担责任。**

“但是，考了好成绩难道不应该表扬吗？”

关于孩子的学习，表扬或者感谢都是很奇怪的事情。因为孩子并不是为了父母而学习。

表扬孩子导致的问题就是一旦得不到表扬，孩子就不好好做。如果总是被表扬的话，则会成为一个**不被表扬就不好好做的孩子。**也有的父母跟孩子约定考了好成绩就多给零用钱。那么，如果孩子考不了好成绩，这个时候父母又打算怎么做呢？

考试取得了好成绩的时候，孩子当然希望得到父母的表扬。但是，孩子未必总能取得好成绩，所以，即使孩子考试取得了好成绩父母也不要去表扬。即使不表扬，孩子也能够从取得好成绩这件事中获得满足感，所以，父母不必再进行额外褒奖。问题在于没能取得好成绩的时候。孩子在学校的大考或者模拟考试中没有考好。此时，父母应该怎么做呢？

孩子再怎么失落，父母也不能去管。这种时候，如果父母关切地问“你一定很难受吧！”之类的话，孩子就可能会认为没有别人的安慰和支持，自己就无法独立渡过难关。

听到别人对自己说“一定很难受吧！”或者“很痛苦吧！”之类的安慰话，心情也许会变得轻松很多。但是，孩子们应该知道**并非所有的人都会对自己好言相向。**

此时，也并不是没有好的干预方式。父母可以试着问孩子“你还有没有什么能做的呢？”之类的话。孩子一定会干劲儿十足地回答：

“嗯，有！您放心吧！”

一旦成为得不到表扬就
不好好努力的孩子就麻烦了。

孩子并不是为了父母而学习。

父母不能决定孩子的人生

为了能够帮助孩子,父母必须与孩子建立良好的亲子关系。大家可以想一想应该怎么做。

学习是孩子的课题，只能由孩子自己完成，父母根本无法代劳。学习也好不学习也好，其结果是作用于孩子的，最后的责任只能由孩子自己来承担。即便是父母，**如果对孩子的课题横加干涉，也会破坏彼此之间的关系。**如此一来，即使到了真正需要父母帮助的时候孩子也不会开口。

如果是孩子的课题，父母不可以横加干涉。但是，孩子向父母求助的时候，父母应该在许可范围内尽可能给予帮助。不过，有时候明明没有收到孩子的求助，父母就**对孩子的课题指手画脚，这种情况下一旦发生了问题**（比如孩子说出不想上学之类的泄气话等等），**孩子往往会把责任转嫁给父母。**希望大家尽量避免此类情况的发生。

有一天，儿子对我说了下面的话：

“我有我的活法。爸爸您一定要干涉我的生活吗？我的人生不想由爸爸来决定。不想您对我的生活指手画脚。”

孩子这么说是逆反还是自立呢？也许平日不同的亲子关系会导致不一样的看法。不管如何看待，终有一天父母会感觉在自己眼里还很小的孩子突然长大了。这一天的到来很正常，如果不来反而麻烦。我并没有打算干涉孩子的人生，但也许在不知不觉间对孩子说了一些有关生活方式的想法。

父母常常说“都是为你好才说这些”，但很多情况下不过是借着爱的名义来支配孩子。

就拿报考学校来说，孩子自己选择方向的话，即使失败了也一定能从失败中学到东西。当然，最好是顺利考上，但父母如果有上面这种思想觉悟的话，孩子也会轻松许多吧。

选择什么样的人生只能由孩子自己决定。如果在目标这一问题上父母和孩子产生了分歧，那就应该同意孩子的人生目标，因为这是孩子自己的人生。

这么想来，似乎父母没什么能做的事情了，但事实上也并不是完全无事可做。

拿学习来讲，关于为何而学这一目标问题，孩子如果抱有不正确的想法，父母就可以跟孩子谈谈自己的观点。

虽然不知道说了之后孩子会不会接受，但我认为只要是不将自己的观点强加于他，孩子至少能听进去父母的话。假如孩子因为反抗大人而不好好学习的话，那不仅仅是其本人的损失。**因为，孩子学习不仅仅是为了自己。**

只懂得为自己考虑的孩子学习一遇到困难就很有可能会逃避。那些只知道为自己考虑的尖子生即使从名牌大学毕业了以后也会危害社会。关于这个问题后面将具体探讨。

孩子有孩子的目标。

学习很好但只知道考虑
自己的尖子生也不可取。

发现孩子的真实面

在大人眼里，孩子经验不足，总是令人不放心。所以，父母总是想要批评指正孩子的行为。例如，孩子如果总是看电视的话，父母就想说：“快去学习！”

如果孩子不知道自己正在做的事情的意义，那他可能就会老老实实地按照父母的话去做。但其实这种情况下，孩子自己是知道自己正在做的事情的意义的。如果父母不停地唠叨的话，孩子原本打算去学习的积极性反而可能大大减弱。

父母的话越有道理孩子越不愿意听，因为他们认为这样就等于输给了父母。如此一来，父母的唠叨反而催生了孩子不学习的决心，最终反倒害了孩子。

父母并不是不可以帮助孩子，毕竟孩子有时也需要父母的帮助。但是，为了能够恰当地帮助孩子，父母平时就要注意构建良好的亲子关系，这样孩子才能够愉快地接受父母的建议。

无论大人还是孩子都渴望被重视，不希望自己是一个可有可无的存在。在众多兄弟姐妹中，父母往往更关注学习方面比较优秀的孩子。这时，没有获得足够多的关注的孩子就会认为父母只重视其他的兄弟姐妹，而不重视自己。于是，性格积极的孩子也许就会通过惹麻烦来引起父母的注意，而消极一些的孩子就有可能会通过逃学等方式来吸引父母的目光。

即使父母并未明显区别对待每个孩子，也会对孩子寄予各种期待、提出诸多要求，然后再照着这个理想来评判自己的孩子。这种情况下，孩子也会认为父母根本不关心自己，即使自己再努力也无法满足父母的期待。当然，孩子并不是为了满足父母的期待而活，但很多孩子还是会想要努力满足父母的期待。

孩子需要的是“生活的勇气”。他们必须去面对一些只能靠自己的力量解决的问题。父母无法代替孩子去生活，但能够帮助孩子鼓起勇敢面对生活的勇气。

要想发现孩子的真实面，父母与孩子相处的时候必须调整好心态。一定要意识到：虽然存在着一些问题，虽然跟理想有差距，但这个孩子是我无可替代的重要的人。

即使现在生活在一起，但在不久的将来孩子一定会从父母身边离开。到时候连跟孩子争吵的机会都没有。父母能做的就是愉快地接纳孩子的真实面，希望孩子不是为父母而是为他自己活着。

孩子需要的是生活的勇气。

孩子迟早会离开父母而独立。

孩子的失败由孩子自己负责

父母担心孩子的人生是很正常的事情。但是，当父母希望孩子拥有的人生与孩子自己想要的人生不同的时候，换句话说就是**父母的目标和孩子的目标不一致的时候**，只要想想这究竟是谁的人生就马上明白该优先考虑谁的目标了。

既然是孩子的人生，父母基本上也不能横加干涉。的确，在父母看来，孩子经验不足。所以，父母想要在孩子的目标选择问题上出谋划策，这样的心情可以理解。父母是想要孩子尽量避免失败。但是，只要不是致命的错误，父母阻止孩子犯错其实等于转移本应由孩子去面对的课题，从这个意义上来讲，我认为这是对孩子的骄纵。

像上面所说这样，大人之所以想要干涉孩子的人生，是因为他们认为孩子无力承担失败的责任，是因为**既不相信也不尊重孩子。**这并不是说父母不能协助孩子，而是说父母的协助必须建立在孩子求助的基础上。

不过，目标并不是一旦确定就不可改变的。如果需要，随时可以调整变更。这一点父母可以提前告知孩子。但一定不要逼迫孩子。尽量不要让孩子在意识到自己的选择不对的时候，因为顾忌当时不顾父母反对、固执己见而不好意思转变目标方向。

自己决定自己的人生，这对孩子来说并不是什么严峻的课题，能够感受到父母信任的孩子一定无比幸福吧！

自己选择自己的人生。

随时能够调整目标方向。

写给终有一天会从父母身边离开的孩子

学习终究得由孩子自己来完成，即使父母也无法代替孩子学习。如果不学习的话，责任也只能由孩子来承担。

虽说如此，父母想方设法地帮助孩子也没有错。不过，为了能够有效帮助孩子，**首先必须建立良好的亲子关系。**

要想建立良好的亲子关系，必须平等地对待孩子。孩子如果取得了令父母满意的好成绩，亲子之间也许不会发生什么问题。但是，无法取得好成绩的时候，担心被父母放弃的孩子就会通过不学习来逃避结果，甚至是惹一些麻烦来吸引父母的注意力。

为了做到与孩子平等相待，即使这种时候也**不要不容分说地训斥孩子，必须冷静对待。**只有那些认为孩子与自己不平等的人才会不分青红皂白地批评教训孩子。孩子做事肯定有孩子的理由，所以，重要的是听听孩子怎么说，而不是一味地训斥。

尊敬一词的英语是 respect，其语源是拉丁语中的 respicio，也就是“重新审视”的意思。

重新审视什么呢？那就是：虽然这个孩子现在和我生活在一起，但终有一天他会独立并离开我。在这一天到来之前，一定要努力地友好相处，这就是尊重孩子。

看到孩子高烧不退无精打采的时候，父母都希望孩子能够恢复平日里生龙活虎地惹父母头疼的样子。

一旦孩子恢复元气，父母就又完全忘了当初孩子生病时自己的心情了。所以，希望父母们不要总是把自己的希望或理想强加给孩子，要学着发现这个小生命本身的可贵。

坦率地讲，学习成绩好或者考试顺利之类的事情也许很重要，但在这个随时可能发生灾难的时代，孩子每天平安无事地活着不就已经很可贵了吗？

如果能够这样想，孩子做任何事父母就都能积极地去看待。无论孩子做什么说什么，父母都能够泰然处之。这样一来，父母与孩子之间的关系也会变得更好，必要的时候，即使像学习之类只能由孩子自己完成的课题，父母也可以给予适当的帮助。

一定要尊重孩子。

每天平安无事地活着就很可贵。

因为有人看着才捡拾垃圾吗？

在公交车上看到两个令父母头疼不已的学前阶段的男孩大声地吵闹，一会儿也不能安静。父母吓唬他们，说着“再这样就让你从公交车上下去”或者“警察来了”之类的话。但是，孩子们知道父母不会真的那么做，于是变本加厉地吵闹。

虽然公交车中相当拥挤，但是没有乘客愿意坐在这家人旁边。我不怕孩子吵闹，所以能够坐在他们身边。然后，我还思考了一下，如果我是他们的父母，又该怎么做。

其实孩子们也明白在公交车中必须保持安静，然而，恐吓、训斥根本无法阻止他们想要被关注而采取的无礼行为。

这种时候，也有的父母会采用表扬孩子的方式。实际上，也许一开始孩子们并不会吵闹，他们因为顾忌陌生人的看法而暂时保持安静。于是，父母表扬说："真了不起，这么乖！"

表扬本身就存在着问题。首先，这很可能会导致孩子得不到表扬就不好好做。比如，在走廊里发现了垃圾，捡起来之前首先要确认一下周围有没有表扬自己的人。如果没有表扬自己的人就不去捡垃圾，这就是问题。得不到表扬的孩子马上就会不好好表现。

另一个问题就是即使被表扬了也不会开心。妻子肯定不会因为丈夫在公交车中没有吵闹、安静地待着而去表扬他。能够做到这一点是理所当然的事情，如果因此而被表扬说“真了不起”，丈夫一定会感觉妻子小瞧自己。那么，为什么要表扬孩子呢？这是因为没有平等看待孩子与大人。

原以为根本不可能做到的事情竟然做到了才会大力地

进行表扬。我曾经在维也纳至关西机场的飞机上见到过同样是学前阶段的一对兄弟，整个航程中他们一直安静地待着。在飞机上，母亲根本没有大声说过话，都是低声私语地跟孩子们讲话，孩子们也是一样。在公交车中保持安静根本不是什么人类从未做到的伟大事业。

那么，父母们应该怎么做呢？注意到孩子们的良好行为之后可以说出来。可以说一些“谢谢你这么安静！”之类的话（当然，妻子不会对丈夫这么说。例如，如果妻子对丈夫说“能够和你一起坐公交车真开心”，那丈夫也一定能够从中获得一种对他人的贡献感）。

孩子们总是想要表现得特别好或者特别坏。一开始往往想要做个好孩子获得父母的表扬，但如果父母注意不到或者认为理所当然而什么也没有说，他们就可能会惹一些麻烦来引起父母的批评。但是，父母必须让孩子明白，他们不需要这么刻意引起父母的注意。

如果孩子能够从保持安静中获得对他人的贡献感，那也就不会再做一些令大人头疼的事了。如果能够拥有贡献感，孩子也就不会再盲目地渴望获得表扬了。

告诉孩子“谢谢你这么安静！”

努力做到即使得不到表扬也好好做。

比起被忽视宁愿被批评

有一次与已经长大的孩子谈论以前学习的事情。当时电视上正在讲父母应该如何帮助孩子学习这一话题。我并不是认为父母不可以帮助孩子学习，但看到的很多现状往往都是父母通过说一些挫伤孩子积极性的话来妨碍孩子的学习。

当我提出“学习方面的事情，父母还是什么也不说为好”这个观点并征求孩子意见的时候,从未被我催着说“好好学习”的儿子深表赞同。

如果教导孩子学习是父母的责任，那父母就有必要想办法**激发孩子的学习兴趣**。即使是父母也会有自己的生活和人生，根本不可能时时事事盯着孩子。

我知道一位母亲，她从孩子上小学之前就每天盯着孩子学习六个小时，但这毕竟不是普遍现象。如果可能的话，或许有的父母也想像这位母亲一样盯着孩子学习。但是，有一点必须说清楚，盯着孩子学习的人应该明白下面要说到的这么做会产生风险。

首先，父母会很忙。孩子如果考好了自然是皆大欢喜，但如果父母再怎么尽力孩子还是没有考好的话，父母会不会斥责孩子，说他令自己失望呢？会斥责孩子的父母也许认为，如果孩子考好了，都是父母的功劳。其实不然。**孩子的成功是他们自己努力的结果。**

其次，如果孩子取得了令父母满意的成绩，父母会很开心。但是，孩子未必总是能够取得令人满意的成绩。

这种时候，担心被父母放弃的孩子为了吸引父母的注意和关心，就会做一些最令父母头疼的事情。也就是，不学习或者考砸之类的事情。

如此一来，孩子也许会被父母批评。比起让父母觉得自己没希望考出好成绩而忽视自己，他们宁愿以被责备、被训斥的方式获得父母的关注。孩子为了**反抗父母而不好好学习，这对孩子没有一点儿好处。**

本来**孩子也不是为了满足父母的期待而学习。**不仅仅是学习，如果孩子因为父母反对自己想做的事情来进行咨询，我会毫不犹豫地对他说："你并不是为了满足父母的期待而活着！"

即使是父母也无法为孩子的人生负责。有的父母会反对孩子的婚姻。但是，有谁能断定孩子与自主选择的对象结婚就会不幸福？升学也是一样，如果孩子上了父母推荐的学校，日后却发现选择错了，到时候父母能够负得了这个责任吗？

没有必要时时盯着孩子。

孩子并不是为了满足父母的期待而活。

父母总是自以为最了解孩子

孩子有一些即使父母也无法代替只能由自己解决的课题。孩子在面对这些课题的时候，父母基本上只能默默地注视。或许也会有一些靠孩子自己的力量无法解决的事情，因此，为备不时之需，父母可以提前告诉孩子：“如果有什么我能够帮忙的地方，请尽管开口。”

并且，如果孩子主动求助，父母可以在许可范围内给予帮助。这是可以协助孩子的一个方面。之所以说在许可范围内，那是因为有些事情父母不能代替孩子去做，比如学习。

很重要的一点是，**如果没有收到孩子的求助，父母绝对不能妄自采取行动。**某个电视剧中有一个场景讲到得知儿媳妇怀孕的婆婆跑到儿媳妇上班的公司，以目前儿媳妇需要静养为理由请求公司取消儿媳妇海外出差的行程安排。大部分人都会认为这个婆婆的行为太可笑，但又有多少人能够意识到很多时候自己也对孩子做着同样的事情呢？

父母之所以不可以妄自行动，一方面是因为**孩子的课题基本上只能由孩子自己解决**，另一方面是因为事实上**即使父母也未必真正了解孩子**。有人会说："这个孩子，当父母的我最了解了！"这样的父母，小时候在听到父母说同样的话时恐怕也很反感吧。

不仅仅是亲子之间，涉及他人也是同理，自己虽然能够推测一二，但还是有很多不清楚的地方。与其做一些错误的判断，倒不如**在对孩子的言行产生疑问的时候坦诚地询问**。

关于协助孩子还有下面这一点需要注意。可能父母们都有过面对孩子的问题不知道如何是好的时刻。这种时候，父母可以直接告诉孩子自己因为他的所作所为而感到困惑，比如他早晨晚起这一点令父母非常头疼，这些都可以直接告诉孩子并寻求他的帮助。如此一来,父母有时也会得到孩子给的解决对策。

关于孩子我们可以有一些不了解的事情。正因为不了解，父母才会去询问。实际上，如果不能够在必要的时候进行恰当的询问也就无法为孩子提供帮助。

孩子肯定也会有一些不知如何办的事情。最好是孩子能够靠自己的力量解决，但如果是自己的力量无法解决的事情也可以向父母求助。希望大家能够成为令孩子信赖的父母。

即使父母也不可能完全了解孩子。

父母可以有不了解孩子的地方。

没有“坏父母”，只有“笨父母”

孩子一出生，育儿工作就开始了，初为父母会遇到很多棘手的问题。究竟该如何跟孩子相处、如何跟他交流，真的是一点儿也不懂。如果是和孩子的祖父母一起住的话，有了问题还可以咨询祖父母。但如果不是和祖父母一起住，或者虽然是一起住但祖父母也帮不上忙的时候又该怎么办呢?

即使祖父母帮不上忙,还有很多育儿书。或者是上网查询，马上就可以得到数不胜数的信息。

问题是许多信息内容互相矛盾，比如有的主张批评而有的主张不能批评，有的主张表扬而有的主张不可以表扬。自然，父母可以在好好思考并理解这些信息之后再决定怎么做，但往往面对着哭闹不止的孩子根本没有这个时间和心情。最终还是用从父母那里学来的育儿方式无比忙乱而又错误百出地与孩子相处。

当然，这样的育儿方式肯定不会顺利。孩子出生的时候，父母往往对接下来与孩子一起生活的日子充满期待，但面对并不如想象中美好的现实之时，很多人会马上感觉到与孩子相处既辛苦又痛苦。

大多数父母在并不如想象中美好的现实面前都会束手无策。被夜里哭闹不休的孩子吵得不得安眠，对总是顶嘴、爱逆反的孩子着急发火、厉声斥责，甚至有的父母打着教育的名义打骂孩子。

如果有虐待孩子的父母，世人都会对其严加声讨，但却不知道反思自己的育儿方式。很多父母根本意识不到自己也在做着同样的事情。

很多人都根据父母曾经对待自己的方式和一些模糊不清的知识来养育自己的孩子，这就等同于小时候接受过手术治疗的人，长大之后自以为因为接受过手术就可以给别人做手术了。

我认为没有坏父母。即使发生虐待孩子的事情，这样的父母也绝非“坏父母”，而是“笨父母”。因为**他们只是不懂得如何与孩子相处。**

我认为没有不爱孩子的父母，但如果不懂得爱孩子的方式和育儿方法，那就会很快陷入窘境。这种方法并非一朝一夕就可以学会，但也并不太难。只要**有勇气改变一直以来与孩子的相处方式，**很快就能够与孩子轻松相处了。

仅仅是爱孩子还远远不够。

努力学习与孩子的相处之道。

体罚没有任何意义

以前，从托儿所接孩子回家的路上经常顺便去超市。当孩子在玩具或糖果柜台前哭闹着不走的时候，我会对孩子这么说：“不要哭，把你的想法说给爸爸听，好吗？”

于是，孩子停止哭泣说道："我想要爸爸给我买糖果……"

很多时候，父母并不是厌烦孩子要求的内容而是**讨厌他们的诉求方式。**当孩子说出想要玩具或糖果的时候，不要马上拒绝他们。

但是，很多父母会认为不可以直接答应孩子的要求，进而产生抵触。而孩子则会哭闹撒泼、拼命反抗。于是，这种情况下父母往往会因为顾忌别人的眼光而无奈地答应孩子。

如果是这样的话，我倒是认为可以一开始就买给孩子，但如果哭闹的话，反而不应该买给他。可以和孩子事先约定只有用语言好好提出要求的时候才会买给他。

当然，孩子并不能一开始就会用语言表达诉求。婴儿时期的孩子还不会使用语言，所以要用哭来代替语言，让周围的大人照顾自己。如果不这样做就没法活下去。

不过，有的孩子即使会使用语言了，依然还想要通过哭闹、发脾气来继续支配周围的人。

但是，这种时候一旁的大人必须告诉孩子这种方式无法打动周围的人，他完全可以使用语言来传达自己的想法。一开始父母必须教给孩子如何好好用语言来表达诉求。

问题是就连大人也常常不能好好使用语言，而是感情用事。大人往往会批评孩子。有人说批评不同于发怒，父母不可以发怒，但批评是为了教育需要。不过，事实并非如此。关于这一点，阿德勒这么说：

“体罚往往伴随着愤怒。它根本就无任何意义，不过是为了报复。”

即使不动手，批评也等同于体罚。说是为了教育，其实只是为自己的愤怒找一个正当理由。

为了达到立竿见影的效果，大人往往喜欢利用愤怒这种感情。但我还是希望大家多花些时间教会孩子好好**用语言来解决问题。**

只在孩子用语言好好表达诉求的时候答应他们。

父母不要将自己的愤怒正当化。

第二章

会学习的孩子
和不会学习的孩子

获得新知识的喜悦

有的父母会对孩子说“谢谢你好好学习”之类的话，这显然是非常奇怪的做法，因为孩子并不是为父母而学习。父母如果这么说，聪明的孩子肯定会指出其不当之处。

学习是必须由孩子自己来解决的课题，不是为别人而学，谁都无法代替。

虽然不是为父母而学，但有的孩子考了好成绩之后还是希望得到父母的表扬。生活中有的父母在孩子考了好成绩之后就大加赞扬，也有的父母对孩子的好成绩并不进行褒扬。但是，父母如果认为孩子**考上了好的初中就会有一个好的未来**，这就等于是告诉孩子：只要拼命学习考上了好初中，现在的辛苦都将会收获褒扬。

人生并不会因为考了一所好初中而从此一帆风顺。这一点大人们都非常清楚，但却不对孩子说实话。

如果孩子形成了学习是为了获得表扬之类的想法，那么在他觉得升学考试希望不大的时候就会放弃学习。

如果只注重考试结果的话，也许考场上就很难杜绝作弊等不良现象的发生。

这样的孩子并不知道通过学习会体会到获得新知识的喜悦。这种喜悦与是否能够通过学习获得有形的回报没有关系。

当然，要想感受到这种喜悦，必须持之以恒地付出努力。有时也会感到非常辛苦。而这正是父母应该发挥作用的时候。

也许孩子只顾考虑眼前的升学考试，这时候希望父母能够告诉孩子：**学习绝不仅仅是为了自己，现在努力学习，将来**

才会对社会有所贡献。

这种话不要仅仅在孩子学习的时候讲，平时也要找机会多说。这是父母为了让孩子获得学习方面的贡献感所能做的事情。

我就读的高中以升学率高而出名，老师们就经常教育学生说："一定要献身于社会！"**即使是头脑聪明、毕业于名牌大学的尖子生，如果只知道考虑自己，则会给社会带来危害。**

并不是考好了就一定有好的未来。

不要欺骗孩子。

学习遇到困难的时候轻易放弃的孩子和继续坚持的孩子

从某种意义上来说，如果孩子学习轻松、成绩优异、升学有望，孩子和家长自然能够相处得其乐融融，幸福度日。但是，几乎所有的孩子在学习上都有遇到困难的时候。没有任何学习困难的孩子极少。

这种时候甚至在这种情况发生之前，父母就往往想要给孩子一些帮助，但有些时候父母原本出于为孩子着想的一些言行反而会**挫伤孩子的学习积极性**。父母应该认真思考一下究竟该如何正确地帮助孩子。

学习是必须由孩子独立完成、自己解决的课题。即使不好好学习导致成绩下滑，责任也只能由孩子自己承担。如果孩子在学习上有需要，父母或许可以帮助孩子，但并不能总是如此。毕竟父母根本无法代替孩子学习。因为，父母不能干涉孩子的课题。

几乎所有的人际关系上的麻烦都始于**对别人课题的介入。**这一点恐怕父母们在自己的生活中也深有体会，但还是有很多人认为自己可以干涉孩子的课题。如果父母总是对孩子说“一定要好好学习”，那么认为只靠自己也可以做好的孩子就会对父母的话产生反感。这时，也许孩子会说出“您可真烦”或者“您就不用操心了”之类的回答。

如果说连父母们都非常讨厌别人干涉自己的课题，那么孩子也是一样。尽管如此，依然主张父母可以干涉孩子课题的人们似乎是基于两个理由。

一个理由是，如果父母不严加督促，孩子就不会学习。的确，也许对有些孩子来说父母不管他就不学。但这也是因为父母一直强制其学习的缘故。如果孩子真正懂得了**学习的喜悦和获取新知的快乐**，即使无人强制也会主动学习。

假如说孩子不学习父母有责任的话，那就是父母没有让孩子感受到这种学习的喜悦和获取新知的快乐。并且，学习并不是为了出人头地。不懂得学习是为了贡献于他人和社会的孩子在学习遇到困难的时候马上就会放弃。

有些父母认为自己可以干涉孩子的课题还有另外一个理由，那就是父母和孩子并非处于平等的地位。的确，父母和孩子在知识、经验以及能够承担的责任等方面都有所不同，但作为人是平等的。

恐怕没有人愿意自己在人际关系中处于劣势。孩子也是一样。那些**认为孩子不如自己、小瞧孩子的父母**即使告诉孩子要好好学习，孩子也听不进去。

**虽然知识和经验有所不同，
但作为人绝对平等。**

懂得获取新知的快乐。

开口只谈学习的父母肯定也很烦人吧

有位母亲听了我的话之后明白了学习是孩子的课题，必须由孩子自己解决。那日看着放学回来的女儿的脸，这位母亲突然意识到，长久以来自己和女儿说的竟只有学习的事情。

在孩子看来，**开口便只谈学习**的父母肯定也很烦人吧。即使有需要，孩子恐怕也不会向这样的父母求助。要想帮助孩子,就必须让孩子在生活的各个方面都具有良好的关系。那么，大家想想该怎么做呢?

首先，批评肯定是有百害而无一利。孩子其实很清楚自己的行为会被父母批评。既然如此，他们依然去做，目的就是为了吸引父母的注意力。所以，父母批评得越厉害，他们反而越要去做。

孩子最基本的需求就是**家庭或学校里的存在感**。但是，很多孩子并不知道该如何获得这种存在感。所以，对于那些无法靠其他事情吸引父母注意力，故而想要通过被批评来引起父母关注的孩子来说，父母越批评，他们就越会做一些令父母头疼的事情。也有一些孩子虽然不主动去惹麻烦，但就是不好好学习。因为他们知道这样做可以令父母烦恼和担心。

对孩子来说，学习和升学是无法回避的人生课题。父母必须帮助孩子树立自信，一个在其他方面没有自信的孩子不可能唯独在学习方面有自信。在孩子要面对的人生课题中，学习并不是多么重大的事情。希望父母帮助孩子树立勇于面对人生课题的自信。如此一来,孩子肯定也能够很好地投入到学习之中。

其次，父母应该帮助孩子学会友好待人。的确，升学考试竞争很激烈，但这并不是说我们的人生就只有竞争。父母一定要让孩子明白：周围的人并不是对自己虎视眈眈的敌人，而是在需要的时候随时准备向自己伸出援手的朋友。不仅如此，还要教孩子乐于帮助他人。千万不能让孩子成为学习很好但却只知道为自己考虑的人！

为了做到以上事项，父母在平日里必须关注孩子所做的贡献。并且，这种贡献并不仅仅限于孩子的实际行动，还包括孩子本身的存在。希望大家一定要具体地对孩子说“谢谢”或者“你帮了大忙了”之类的话。听了这样的话，孩子就会形成一种贡献感，进而体会到有所贡献的自己是有价值的。

孩子平安无事地活着，这本身就很可贵。但却有很多父母只顾眼前，因为孩子的成绩而忽喜忽悲。这些父母的心情也可以理解，但还是希望父母们不要用自己过高的期待去挫伤孩子的勇气，而要放心大胆地让孩子独立完成他们自己的课题。不过，对父母来说，大胆放手、默默守护往往又是最难做到的事情。

父母们有没有因为眼前的事情而忽喜忽悲?

孩子的存在本身就非常可贵。

医学院的学习入学之后才更加辛苦

学习或者不学习基本上由孩子自己决定。如果不好好学习的话，择校范围就会大大缩小，甚至也有可能根本无法报考。但即使如此，父母既不能代孩子学习，也不能过多干涉，只能默默地守护。不过，父母也并不是完全不能帮助孩子。

父母有时也会告诉孩子要更加努力学习或者跟孩子**一起讨论报考哪所学校**。但是，如果对成绩不太好的孩子谈“照目前的学习情况来看，会怎么样”之类的话题，孩子也许会把父母的话理解成讽刺或者威胁，根本听不进去。而如果平时就建立了良好的亲子关系，孩子就不会把父母的话理解为讽刺或者威胁。

为什么父母会干涉孩子的学习呢？一言以蔽之，**是因为不相信孩子**。有的父母认为自己不严加监督，孩子就不会学习。事情果真如此吗？

即使今天不学习，孩子一般也不会总是不学习。如果孩子说“明天开始好好学习”，父母也只能相信孩子的话。大人也是一样，假如在自己宣布明天开始减肥或者戒烟的时候，有人说“这种话早就听腻了”，我们的心情一定不会好吧。假如孩子经常这么说但却并不好好学习，那么即使父母更加严厉地督促，恐怕孩子也不会改过自新、好好学习。

这种情况下，父母必须停止唠叨，改变一下之前的做法。只需要相信宣布“明天开始好好学习”的孩子,并鼓励他说:“那就好好干吧！”尽管这样听上去好像是父母在命令孩子学习，但也千万不可以让孩子养成父母说了才学习的习惯。

正如前面讲过的一样，学习原本就是为了获得新知，所以是一件愉快的事情。当然，掌握知识需要付出努力，但学习绝不是令人望而却步或者必须拼命忍耐的苦差事。如果父母认为学习艰苦，那孩子也会把学习看成是一件苦差事。也有人认为现在虽然辛苦，但如果拼命努力学习，日后就能够轻松生活。我却认为这也是一种错误的观点。

我曾经听一名医学院的学生讲，当初父母说上了大学就轻松了，于是，信以为真的他拼命学习终于考入了医学院，这才惊愕地发现父母当初的话就是谎言，上了大学之后的学习更难、更苦。因为以后要从事关系着患者生命的工作，自然必须非常认真地学习医学知识。不仅仅是说学习医学必须认真刻苦，学习本身就是需要持续一生的事情。

如果想要跟孩子讨论学习是怎么一回事，父母首先得正确理解学习，同时还必须相信即使父母不说孩子也会学习。

学习原本是一件快乐的事情。

绝不可以养成只有父母监督才学习的习惯。

明天开始减肥！这样的台词是否已经听腻？

如果孩子非常乖巧听话，不需要父母说就每天努力学习的话，父母就什么也不用做了。假如父母一点儿也不为孩子的事情着急，还是心平气和地过日子，也许周围的人就会说：“就要升学考试了，这样可以吗？”但是，不用父母说就主动学习的孩子和丝毫不干涉孩子学习的父母都不多见。

当孩子说要好好学习的时候，你能真正信赖他们的话吗？我在这里之所以使用“信赖”一词是为了区别于带有附加条件的信任，是想用这个词来表达无条件的信任或者正是在没有信任根据的时候选择信任。当你对家人说明天要开始减肥的时候，如果家人或朋友回应说这种话已经听腻了，这时你一定很烦吧。即使说这话的时候自己的决心不够坚定，心中隐约预感这次也会几天就失败，那也不愿意听到别人不信任自己的话。

这种时候，如果有人无条件地信任自己，那我们就会非常喜欢他。孩子在学习中也会有同样的感受。并且，**孩子们也懂得不应该辜负信赖自己的人。**

关于孩子，一定要相信以下两点。首先，孩子能够独立解决自己的课题。孩子不学习所造成的不良后果最终会降到孩子自己身上，不学习的最终责任也只能由孩子自己承担。

如果是这样，即使孩子看上去并没有好好学习，父母也不能马上就训斥说“你学习了吗？”或者“快点去学习！”几乎所有的人际关系矛盾都起因于对别人课题的横加干涉。这种时候，**希望父母们相信孩子能够独立解决自己的课题，并默默守护。**同时还可以告诉孩子：“如果有什么我能帮忙的地方，尽管告诉我！”

这是因为，即便是自己的课题，也有需要别人帮忙的地方。不过，即使孩子请求说“能替我学习吗”，作为父母也不可能做到。

其次，即使在父母看来孩子的言行中有这样或那样的问题，其中也一定会隐含着好的意图。多数情况下，孩子的一些不当言行其实并没有什么恶意。他们只不过是想要吸引父母的注意力，但又不知道该如何去做。如果孩子看到自己不学习这件事最令父母头疼，他们就会认为不学习就可以把父母的注意力吸引到自己身上。

所以，此时如果父母训斥孩子，他就会学着用挨批评这种方式来获得父母的关注，于是就会更加不学习。父母不要去训斥孩子，可以告诉孩子自己一直在关注着他。这种情况下，父母如果信赖孩子的话，孩子也一定不会辜负父母的信赖。

学习或者不学习都是孩子的课题。

孩子懂得不应该辜负信赖自己的人。

学习比帮忙做家务更重要吗？

我们往往容易犯的一个错误就是在与孩子之间的关系搞砸之后还想要去帮助孩子。批评会使关系变好还是变坏呢？答案不言而喻，任何一个孩子被批评的时候都**不可能会喜欢批评**

自己的父母。如果有人说孩子以后会感激父母对自己的批评，那我希望他能够明白这是不可能的事情。

孩子非常清楚自己所作所为的意义。孩子的确不愿被批评。但是，假如不能通过考试取得好成绩之类令父母满意的事情获得认可，有些孩子就会企图通过被批评之类的方式引起父母的注意。

父母能做的就是让孩子明白**不必用这样的方式吸引父母的注意力。**为此，父母一定要多多关注孩子表现好的方面。但是，也许很多父母会说："这根本不可能，我家孩子整天净做一些令我头疼的事情。"

有一个小学生每天放学后都会照顾卧病在床的祖母。听了这件事，我对这个孩子的母亲说这太令人惊叹了。但这位母亲的反应却大大出乎我的意料，她说:“但是，这孩子不怎么学习。”

如果这样的话，孩子就找不准自己的位置了。也许父母的想法是希望孩子即使不做家务也要好好学习，但是，父母在对孩子提出这种期待之前，一定要先让其找到自己在家中的存在感。

这个母亲白天一直上班，祖母又卧病在床，大家明白怎么回事了吧？孩子希望听到母亲对自己说“谢谢你！”或者“多亏你帮忙做家务，我才能安心工作！”之类表示感谢的话。

如果听到母亲对自己这么说，孩子就能够感到自己是有用的。如果能够感受到这一点的话，孩子也就明白不必再做一些令父母头疼或生气的事情了。

这种时候，从关注孩子的贡献这一意义上来讲，父母应该对孩子说“谢谢”，而不是表扬。假如孩子对父母说“妈妈可真棒啊！”这样的话，父母的感受是什么呢？会开心吗？如果不开心，那原因又是什么？因为，**表扬是一种有能力的人对没能力的人所做的自上而下的评价**。以上下级关系为前提才可以进行表扬。

但是，和大人一样，孩子也不愿意在人际关系中处于劣势。

关于批评，这一点非常清楚。正是因为父母认为孩子地位不如自己才能够进行批评。但是，亲子关系并非上下级关系。正因为平等，父母才能够在必要的时候帮助孩子，孩子才能够冷静地接受父母的建议。

的确，父母和孩子在知识和经验方面存在着一定的差异，但如果能够认识到作为人的平等性，那父母也就不会再任意批评或表扬孩子了。希望大家具体思考一下为了形成这种正确观念和构建良好的亲子关系，**父母究竟该如何跟孩子对话。**

孩子很清楚自己行为的意义。

孩子会在心中问自己对他人有用吗？

不要因为是考生而在家中享受特殊待遇

考生也是家里的一员。所以，大家应该先弄明白一点：孩子可能会认为自己享有考生特权、只要学习就可以，父母如果也认可这种想法的话就可能会产生问题。

如果孩子只是一个劲儿地学习（实际上，更多的是考试临近必须学习的时候，孩子依然不能像父母期待的那样认真学习），这就跟痴迷于工作的大人或者被爱情占据了头脑的年轻人丝毫不去关心其他的事情一样。

一味投入工作的人也许会说因为工作太忙，所以即使回到家里也没有干家务事的精力和时间。但是，事实并非如此。真正的原因是不想做工作之外的事情，所以才找出工作太忙这个理由。

孩子们也是一样，一旦父母发话说只要好好学习就可以，他们也许就会借着学习这个理由不去承担学习之外的任何事情。而且，还有可能就连重要的学习这件事也做不好。事情如果是这样不就太糟糕了吗？

因此，我认为作为家庭的一员，孩子首先必须学会合作。假如有的父母认为现在只要好好学习就可以而不去教孩子如何合作、不给孩子为他人做些贡献的机会，那即使顺利通过了升学考试，孩子在将来面对将来人生中比考试更加复杂困难的课题时也会很容易失去勇气。因为，人生中的许多课题必须通过合作来解决。

当然，我并不是说可以不学习。我的意思是说，不要因为孩子是考生而在家里享有特殊待遇，只有孩子跟父母或其他的兄弟姐妹保持良好关系并能够作为家里的一员和大家通力合作之后，学习上才能取得进步。因为，只有能够通过合作体会到自己对他人有用的孩子才**能够喜欢自己，进而树立可以独立解决包括学习在内的各种课题的自信。**

如果没有自信，孩子可能在面对考试的时候根本不想去挑战。为了避免这种情况的发生，父母应该想方设法帮助孩子树立自信，而并不是简单的激励鞭策。

有时父母不经意的话往往很容易挫伤孩子的自信和勇气。所以，为了避免这一点，父母需要具体学习一下**如何跟孩子说话**。可以说这与为孩子的学习营造一个好环境同样甚至更加重要。

孩子需要父母的帮助。不过，为了能够为孩子提供有效的帮助，首先要让孩子不抵触来自父母的帮助。为此，父母必须努力构筑良好的亲子关系。

作为家庭的一员，合作很重要！

假如成为只知道学习的人……

不要俯视孩子

面对为谁学习这个问题的时候，恐怕没有孩子会回答为了父母。没有人能够代替孩子学习。

即使不学习导致成绩下滑，由此引起的不良后果最终也

会降到孩子身上，只能由孩子自己来负责。之所以说学习是孩子的课题就是这个意思。

如果是孩子的课题，原则上来说父母就不能横加干涉。不过，父母看到孩子不好好学习的时候，自然想要说“一定要好好学习！”（并且说这种话时通常还带着怒气）。但父母这么说的时候，孩子往往不会有太好的反应。这是因为他们觉得自己的课题被人干涉了。

孩子不学习的时候，父母往往会去说孩子。但事实上孩子自己也并不认为可以不学习。因此，被戳中了痛处的孩子就会非常抵触父母。孩子的焦虑急躁其实是源于“自卑感”。即使父母不说，孩子自己也知道应该好好学习。但父母一说，孩子就会懊恼生气。

如此一来，学习就偏离了其本来面目。原本应该在获取新知中感受喜悦、进而通过学习为社会做出贡献，结果演变成了亲子之间的斗争。甚至有的孩子认为在父母的强制下学习，即使取得了好成绩也是输给了父母，并因此放弃学习。

我从未对孩子说过“要好好学习”之类的话。看到孩子不怎么学习的时候，我都是认真地问自己有没有父母能够做的事情。的确有父母可以做的事情。正如前面所讲，学习是孩子的课题，父母不能横加干涉。但如果孩子愿意听听父母的意见，那就可以跟孩子讨论一下学习的事情。

不过，父母首先应该告诉孩子自己想跟他谈谈学习的事情，并取得孩子的同意。如果孩子回答说不想谈论学习，那就只好暂时放弃这个话题。同时还可以告诉孩子，随时可以找自己商量学习的事情。

亲子之间如果能够就学习这一话题促膝而谈，那当然最好。实际上，当父母说“你认为这样下去会怎么样呢？”之类的话时，孩子有时会把它**理解为讽刺或威胁**。要想孩子坦诚接纳父母的意见，关键是要搞好平日的亲子关系。

首先，父母必须明白一点：即使孩子和父母在知识或经验方面存在着一定差异，但作为人绝对平等。孩子也讨厌“被俯视”。认为与孩子谈论学习太麻烦或者不明白为什么要和孩子谈论这些问题的父母一定要格外注意这一点。

父母一定要向孩子传达出这样的想法：**父母是在真心为我的人生考虑。**光有一腔只知道对孩子说教的热情是没有任何作用的，最重要的是，父母要努力做到让孩子愿意和自己谈论学习这一课题。

为此，需要努力在学习之外构筑良好的亲子关系。

在学习之外构筑良好的亲子关系，

构筑能够坦诚相见的亲子关系。

不玩游戏就能取得更好的成绩？！

经常有家长因为孩子沉迷于手机游戏根本不学习前来咨询。如果父母认为不可以沉迷于游戏，孩子就知道**玩游戏是让父母焦急生气最有效的方式。**

家长经常会训斥孩子不要一直玩游戏，要好好学习，并希望借此令孩子改过自新。因此，即使知道训斥没有任何作用，但还是忍不住要去做。他们常常认为训斥得再严厉一些孩子也许就会停止玩游戏。但是，事与愿违，孩子依然不会停止玩游戏。之所以如此，不是因为批评方式不够严厉，而是需要改善教育方式。

有一种观点认为，玩不玩游戏是孩子自己的事情，即使沉迷游戏荒废学习导致成绩下滑，也只能由孩子自己想办法解决，父母**只需要静观其变**即可。

但坦率地讲，其实很多父母是无法信赖孩子的。他们会认为如果自己什么也不说，孩子一定会一直不断地玩游戏。尽管父母自己在家玩游戏的时候，如果孩子说“差不多了，快点儿睡吧！”，心里会很烦。此时，父母一般都会用“我这不是玩儿游戏，是在工作呢”之类的话来反驳孩子，但平日里总是被父母命令不要玩游戏的孩子可能不会相信父母说的话。这和父母不信赖孩子是一样的情况。

另一方面，父母还必须提醒孩子千万不要被卷入网络犯罪活动中去。关于网络，父母必须教给孩子正确的使用方法。不过，这种时候，如果亲子关系不好的话，孩子很难听进父母的话。

玩不玩游戏本来是孩子自己的课题。所以，想要跟孩子谈论游戏的事情，首先需要想办法将其变成父母和孩子的共同课题。因此，父母要先跟孩子商量说“我想跟你谈谈游戏的事情”，孩子如果同意的话，那就能够一起讨论。也许有人认为父母完全可以对孩子采取强制措施，但这么做肯定会破坏日后的亲子关系。阿德勒的方法的确很费事，但建立良好的亲子关系**最重要的就是不要急于求成。**

孩子之所以会沉迷于游戏，一方面是为了通过惹父母着急生气这种方式来引起其注意。另一方面，从孩子自己身上找原因，其实是想要为成绩不好找一个理由，那就是“因为一直玩儿游戏所以才没学好”。这样孩子就可以给自己一个幻想，那就是：如果不玩儿游戏，就能取得更好的成绩。

父母如果教育这样的孩子说“不要一直玩儿游戏，要好好学习”，也许他们会产生抵触心理，更加不好好学习。父母一定要避免这种情况的发生。同时，也不要对孩子说“你这么聪明，只要认真学习，肯定能取得好成绩”之类的话，这样只会更加让他们活在幻想之中。

父母有没有急于求成？

沉迷于游戏是孩子给自己制造的一种幻想。

焦虑的时候，可以选择回避孩子

临近考试的时候，父母也会变得不安起来。假如孩子如父母期待的一样每天拼命学习，成绩也随之上升，这倒是还好。但是，孩子并不是为了满足父母的期待而学习。并且，即使孩子不好好学习，也未必就一定是想要通过这种方式令父母着急。

经常听到备考生的父母说这种时候**自己总是非常焦虑，进而便会训斥孩子。**但是，父母不应该把自己的这种焦虑转嫁给孩子。父母都希望孩子好好学习，这可以理解。不过，父母因为孩子不学习而焦虑又是另外一回事。

学不学习原本就是孩子自己的事情。即使因为不学习而导致成绩下滑，责任也只能由孩子自己承担。同样的，父母因为孩子学习产生的焦虑也只能由自己来解决。将自己的焦虑转嫁给孩子等于是让孩子来解决父母的课题。

那么，父母焦虑的时候应该怎么做呢？父母之所以会焦虑是因为想要孩子好好学习。但是，如果父母过于焦虑，孩子有可能会理解为父母想要强迫自己学习，进而产生抵触心理。

所以，比起盲目焦虑，倒不如跟孩子明确讲出自己的愿望。不过，如果直接说："你能给妈妈好好学习吗？"聪明的孩子也许会回答说："我又不是为了妈妈学习！"

因此，父母在焦虑的时候第一点能做的是尽量回避孩子。趁孩子待在他自己房间或者去上辅导班的时候，父母可以借机喘口气儿。

这并不是意味着要放弃孩子。孩子有时会向父母寻求帮助，这时重要的是告诉孩子："如果有什么我能帮忙的地方，尽管跟我说！”以便孩子可以大胆求助。而在孩子寻求帮助的时候，如果父母非常焦虑，也许孩子就不愿再亲近父母了。因此，**为了不至于太焦虑，父母可以暂时与孩子保持距离。**

也许孩子根本不会来求助，但父母还是可以告诉孩子："如果有什么我能帮忙的地方，尽管跟我说！”

第二点要做的是**不要因为考试临近就为孩子提供特殊待遇**。有些家庭因为过分担心孩子，就会采取一些非常措施。比如，家人不再看电视，或者为了不打扰孩子就连说话也不敢大声。这类行为对孩子也许是一种很大的压力。也有的孩子或许会因此错误地认为自己是家庭的中心，在家里享有特权地位。

如果不再因为考试而给予孩子这种特别的照顾，父母也就不会产生一些没必要的紧张和焦虑了。即使孩子临近考试，父母依然可以享受自己的人生。

第三点能做的就是**对孩子坦率表达自己的真实感受。**比如可以说“没怎么看到你学习，所以，我非常担心”之类的话。

有的父母看见孩子不学习，于是就严厉地训斥说：“你索性不要参加考试了！”当然，这肯定不是父母的真心话。因此，一旦意识到这么说伤害了孩子，最好马上道歉。

父母注意以上几点，能够做到心平气和地陪在孩子身边，这就是对孩子最大的帮助。

父母也要享受自己的人生。

保持距离并不是放弃。

不要教教科书，而要用教科书教

某日在车站站台等公交车。不一会儿，公交车来了。车门打开的时候，一位小学生插进排队的行列，拼命地往车里挤。我不由自主地阻止他插队，最后那位小学生没能插进来。

那位小学生虽然对我怒目而视，但最终**明白了为何自己会被阻止**，于是打消了插队的念头，悻悻地走到队伍后面去排队。

阿德勒认为教育的目标就是培养“共同体感觉”。所谓共同体感觉，简单说来就是“关心他人”的意思。但是，可以毫不夸张地说大部分人都只关心自己。

因此，阿德勒说教师不要教教科书，而要用教科书教。那么，用教科书教什么呢？就是教共同体感觉。所以，即使孩子学习很好，但如果根本不顾他人只考虑自己的话，那将是教育的失败。

前面那位试图插队的小学生看上去似乎是急着去上辅导班，也可能是没有完成作业，所以必须赶紧找个座位坐下写作业。

总之，也许他有自己必须插队的理由。但即使成绩再好，也绝不可以只考虑自己，我行我素，好像自己就是这个世界的中心。

阿德勒建议学习好的孩子应该去**帮助其他孩子学习**。也许有的孩子会认为光自己的学习就已经够忙的了，根本没有精力帮助其他孩子，或者认为帮助别人自己会很吃亏。但是，如果有取得好成绩的能力，那一定不要只把这种能力用于自己，还要慷慨地去帮助他人。

只顾考虑自己的孩子一旦成绩不理想，也许就会马上放弃努力。为了维持一种如果好好学习就肯定能考好的幻想，他们往往会故意不努力学习。

的确有的时候也会有“明明拼命学习了，但成绩却总是不理想”的情况。这种情况的解决对策就是不要只去关注学习。能够在学习之外的地方找到贡献感的孩子会形成自我价值认同感。

阿德勒认为**自我价值认同感有利于培养直面自己课题的勇气。**如果能够在学习之外的地方做出某些贡献，找到自我价值认同感，就会随之树立起直面学习的勇气。

为此，父母绝不可以说一些挫伤孩子勇气或者羞辱孩子的话，也不能胡乱训斥孩子。很多人认为批评可以令孩子发奋努力。但事实上，如果孩子经常被批评就会认为自己没有价值，最终也就不再想去挑战学习这一课题。

自己并非世界的中心。

父母必须帮助孩子树立自我价值认同感。

Ichiro Kishimi

第三章

赋予孩子勇敢
面对人生的勇气

不要认为自己不行

不论平时学习多么好的孩子都会有考试失利的时候。这种时候能做的只有找出自己没有理解透彻的问题点，**想办法在下一次考试中不再犯同样的错误**。更重要的是，不要总是拘泥于分数而萎靡不振，要尽快投入到下一次的考试准备中去。

不过，有的孩子却无法这样积极应对考试失利这件事。他们不仅不能好好学习，甚至还会做一些令父母头疼的事情。那么，为什么会发生这种事情呢？

的确，学习需要付出努力，但在学校学的东西，任何人最终都能够学会。阿德勒提出“任何人都可以做到所有事”这一主张的时候，很多人都从遗传或才能差异方面对这一观点给予了批判。但阿德勒关注的问题是：认为自己不行的这种想法会成为伴随一生的固定观念。

这种认为自己不行的想法也有可能起因于某一次失败，但并非就是因为学习失利而形成。也许更多的原因在于：学习失利之前，面对生活中必须由自己解决的课题时已经被大大挫伤了勇气。

这样的孩子之前就认为自己没有价值，无法喜欢自己。如果找不到自我价值认同感，树立不了自信，那不仅在学习方面，在所有需要由自己解决的课题面前都将无法鼓起勇气。

因此，父母必须帮助孩子建立独立解决课题的自信。阿德勒称之为“赋予勇气”。不过，很多情况下，孩子并不愿独立面对课题，因此想要帮助他们并不容易。

之所以不愿投入课题是因为不想面对结果。那些宁愿生活在“如果更加努力学习，肯定能行”之类幻想中的人更害怕面对根本不行这一结果。即使在人际关系中，比起付出行动却没有好结果或者被人厌恶受伤害，他们宁可选择逃避与人相处。

因此，孩子有时会不愿去面对课题，或者是出于前面提到的原因而不想参加考试，有时甚至还会惹一些麻烦。这种时候，如果父母严加训斥，挨了批评的孩子就会认为自己没有价值。

值得注意的是：看上去似乎是孩子因为被批评而丧失自尊心或自信，进而失去面对课题的勇气，但事实是他们往往**为了不去面对课题而寻找一个可能会被批评的理由当借口**。所以，父母一定不要“上当”。

任何人都可以做到所有事。

帮助孩子独立生活。

不仅仅是获取帮助，给予才会更开心

孩子小的时候很多地方都需要大人的帮助，但他们也必须慢慢地学习自立，学习靠自己的力量解决人生中需要面对的课题。虽说如此，有时候孩子也并不是事事都能独立解决。

为了应对此时之需，父母必须努力与孩子建立良好的亲子关系，以便孩子能够在需要的时候愿意向家长求助。

之前说过孩子和大人是平等的，既然如此，父母也就不能批评或表扬孩子。因此，建议父母不要用命令的口气跟孩子说话，而要礼貌地跟孩子说“谢谢”之类的话。这样做有利于帮助孩子自立，也就是帮助孩子拥有独立解决自己人生课题的能力。为什么这样说呢？

因为这么做是希望孩子能够喜欢自己。这样的自己不同于其他的工具，是绝对独一无二不可替换的。而且，今后也必须一直和自己相处下去。所以，如果不喜欢自己的话，那就不可能幸福。

那么，具体该怎么做才能喜欢自己呢？首先应该**把缺点当成优点来看待**。比如，注意力不集中这一特点可以看成是善于发散思维，没有长性也可以理解为做事果断。

其次，让孩子感到自己对他人有贡献，这个时候，孩子就会觉得自己有价值。之所以要对孩子说“谢谢”就是希望他们能够感到自己对他人有用。而能够感到自己对他人有用的时候，孩子就可以喜欢上自己了。

孩子可以做到的贡献刚开始也许多数是一些微不足道的小事。即使如此，只要能够从中体会到**自己对他人有用**，就有助于孩子形成能够解决将来要面对的人生课题的自信。

而要想孩子认为自己对他人有用，首先得让他们认识到：其他人，用阿德勒的话讲就是“伙伴”，也就是同伴，是在需要的时候会帮助自己的朋友。如果认识不到这一点，那就根本不可能觉得自己对他人有用。但是，如果父母经常训斥孩子，亲子关系就会疏远甚至恶化。孩子还会因此认为以父母为代表的所有大人都不是自己的同伴而是“敌人”。如此一来，孩子根本不可能体会到自己对他人有用。

希望孩子形成对他人的贡献感的另一个理由是：希望孩子成为不仅仅是从他人那里索取，同时自己也是能给予他人的人。实际上，知识、经验都还很不足的孩子很多时候都需要获得周围大人的帮助。

但是，别人帮助自己是出于好意，而不是理所当然，更不是义务。希望孩子作为我们生活的共同体中的一员，也能够成为对他人有所贡献的人。并且，希望孩子从中能够感受到喜悦而不是痛苦。

父母应该坦诚接受孩子的真实面，但这并不是说孩子就可以什么都不做。孩子一定要成为一个不仅知道索取而且更加懂得给予的人。

接受孩子的真实面并不等于什么都不做。

大人不是敌人而是同伴。

拿不到奖牌需要道歉吗？

人们为在里约奥运会中夺得奖牌的运动员们举行了盛大的庆功仪式。无论是沿街聚集的欢迎队伍还是获奖运动员，个个都满面笑容、频频挥手。运动员们也一定会觉得多年的努力得到了回报。但是，如果运动员们平日以获得奖牌、参加庆功仪式为目标而刻苦训练的话，那也许就很奇怪了。

获奖运动员们向以父母为代表的帮助和支持自己的人们一一表示了感谢。没有人能够完全凭借自己的力量去参加奥运会。因此，获奖之后首先向默默支持自己的人表示感谢，这也是很自然的事情。获奖运动员们取得了好成绩，有了好结果，但他们并非是为了帮助和支持自己的人而夺得了奖牌。

相反，假如结果不尽如人意，没有获得奖牌，那是否需要道歉呢？实际上，之前就有过因为在奥运会上没能获得奖牌而道歉的运动员。但是，选手们并不是为了别人而去比赛，也不是像播音员大声疾呼的那样为了宣扬国威而去比赛。

孩子们学习也不是为了满足父母的期待。如果说是为谁而学的话，基本上是为了自己。如果没有取得好结果，无论是奥运会选手还是孩子，这件事最终都只会落到他们自己身上。因此，这种情况下，只需要为“下一次”好好训练、努力学习就可以了。根本不用认为自己辜负了他人的期待,更没必要消沉。

父母一定要注意不要让孩子形成错误的认识。如果孩子在考试中取得了好成绩而特别高兴，父母可以说“看上去很开心啊”之类的话，但不可以表扬。

假如没有获得好成绩就遭受冷落，那么，明明只需要继

续努力就可以的事情，孩子却感到辜负了父母沉重的期待，甚至还有可能因为父母无意间说出的话而感到人格受到了侮辱，进而沮丧不已。因此，希望父母能让孩子明白：必须认真学习，但没必要让自己的负担过于沉重。

学习绝不是为了满足父母的期待，也不是为了将来出人头地，前面也写到学习基本上是为了自己，但这并不是说只需要自我满足便可，而是为了自己能够对他人和社会有所贡献。父母一定要好好理解这一点，并在平日里如此教导孩子。

孩子如果能够很好地理解这一点，就**能够激发自己的学习积极性**，也就不会再认为学习辛苦了。

学习应该认真，但不必过于沉重。

不要后悔，勇敢前行！

受神召唤的阿尔贝特·施韦泽

梦枕貘[1]的小说《众神的山岭》讲的是挑战在不带氧气瓶的状态下独自登上珠峰峰顶的登山家和对他进行追踪拍摄的

[1] 梦枕貘：日本著名奇幻小说大师，著有《阴阳师》《妖猫传》等。

摄影家的故事。

摄影家为了拍摄站在山顶的登山家的身姿而追随其攀登高峰。但是，途中遇到了石头滑落事故，悬空在冰壁上，以为自己必死无疑了，就这样慢慢失去了意识。然后，忽然他感觉有人在摇晃自己的身体，原来是登山家又返回来了。

两人原本约好的各自登山、彼此没有任何关系，而且这次又是无氧登山。然而尽量减少携带行李、极力减轻负担，力争登上山顶的他却返回来救悬空在冰壁上的自己，对此，摄影家无比震惊。将摄影家平安救出之后，登山家再次朝着山顶出发了。

我读这部小说的时候感觉就像自己在登山一样。能救摄影家的只有他，他绝不会置之不顾吧，真希望他能返回去营救啊，一想到这些，心里就紧张得无法继续读下去。**比起登顶的成功，他优先选择了同伴的生命。**为什么要冒着巨大的危险再返回来呢？关于这个问题，把登顶成功看得最重要的人恐怕无法给出合理而令人满意的答案。

我读了这个故事之后想到了孩子们学习的事情。只知道竞争的孩子根本不会与别人合作。但是，懂得合作的人必要的时候完全可以参与竞争。希望大家无论成绩多么优秀，都不要成为只知道考虑自己的孩子。

父母如果不想培养出这样的孩子，就一定不要在家中给予孩子只要学习就行的特权地位。就像父母一边上班一边承担家务一样，孩子也可以一边分担家务一边学习。希望父母让孩子明白：通过做家务孩子可以获得贡献感，也可以通过接下来要投入的学习获得相同的贡献感。而只知道考虑自己的孩子，学习上一遇到困难就会马上放弃。

阿尔贝特·施韦泽（Albert Schweitzer）三十多岁的时候已经是著名的神学家、哲学家、风琴演奏家，作为学者和艺术家已经忙得不可开交，但却突然决定要去非洲，他为了帮助非洲的人们而从头开始学习医学。

阿尔贝特·施韦泽的风琴老师彼得卢先生面对周围人“为什么不阻止他”的质问时，他这么说:“似乎是神在召唤他。既然是神的召唤，我又能做什么呢?”“职业”一词用英语讲是 calling，德语是 beruf，也就是受神召唤或者传唤的意思。如果用日语来表示,那就是“天职”。如果找到了这样的目标，平日的学习就不会觉得辛苦了。

因此，父母首先必须打消“学习很辛苦”这一观念，也不可以存在“**现在好好学习，将来就会轻松**”这样的思想。

发现“天职”。

打消“学习辛苦”的观念。

发现孩子的闪光点

因为孩子的事情来咨询的父母讲的大都是孩子的短处、缺点、问题行为以及异常行为。要想制止他们那气势如虹、像机关枪一样不断发射出的牢骚实在是相当难。

即使如此，我还是会想方设法地去问父母：

“那么，孩子的长处是什么呢？”

遇到这样始料未及的问题，刚才还在口若悬河地控诉孩子种种毛病的父母们往往会一时哑然：

“啊？长处……长处是吗？”

从这样的对话中可以明白一点：**父母往往会只关注孩子的短处、缺点和问题行为。**其实在心理咨询中，心理咨询师只要稍微了解一下事实就可以，因此，孩子具体有哪些问题并不重要。

有时也会遇到让你根本插不进去话的人。一个小时之后，他终于讲完了，然后说声“再见”就想要回去。

这样的人一定是**希望别人能够理解养育孩子究竟有多么辛苦**。假如我说出“那一定很辛苦吧！”之类的话，那他们一定能够非常满足。但是，我绝不可以这么说。

因为，这样的人其实是想说：“我拼命地养育孩子。但是，这孩子却如此不成器！”只能这样看待孩子的父母，亲子关系不可能好。而且孩子还会认为：只能通过一些父母认为有问题的行为来引起他们的关注。

孩子的**短处或缺点就像是黑暗**。黑暗并不是作为实体而存在。所以也就不能像对待具体事物那样去消除它。但是，父母却总是关注孩子的短处或缺点，并试图通过批评来进行纠正。

可是，无论哪一种形式，只要是一味地关注短处或缺点，事态就不会有任何改变。黑暗既无法移走也不能消除。那该怎么办呢？投以光明就可以。如果投以光明，黑暗就会消失。不要看短处,要看长处。或者把看似短处的地方当作长处来看待。

另外，在看孩子行为好的一面时，可以尽量不去关注其行为的不当之处。这样一来，黑暗就会渐渐消失了。

例如，面对早晨九点才起床的孩子，不要说“你知道几点了吗？！”而要说“能看到你好好地活着，可真好啊！”实际上，难道大家不认为“即使很晚才起床，但只要是活着就很可贵”吗？

就像放置在坡道上的石头会滚动一样，父母会很自然地去关注孩子的问题，这是一个不可回避的现状。所以，父母一定要尝试着有意识地去关注孩子的长处和行为中好的方面。

关注长处和好的方面就可以消除黑暗。

孩子是否认为自己有价值？

儿子就读的托儿所有骑竹马比赛这个项目。学校决定在祖父母参观日那天展示一下平日的练习成果。可是，我儿子总是学不会骑竹马。直到参观日当天儿子都还不会骑竹马。正在我暗暗担心该怎么办的时候，孩子在保育员的帮助下开始了比赛，而且还坚持到了终点。

同时开始的一个小女孩非常擅长骑竹马，很快便遥遥领先了。但是，中途不知何故速度突然降了下来，被同伴赶超了过去。于是，她气恼地离开了赛道，结束了比赛。

像这个小女孩一样，如果确信无法取得好结果，便索性一开始就不想去挑战的孩子也有很多。这种现象即使在学习方面也可以看到。经常考不好的孩子，一般不会因为害怕成绩不好而不参加考试。但是学习很好、深受父母或老师信赖的孩子，如果认为无法取得好成绩，那他们就有可能不参加考试。原因也很明显，如果不参加考试就不会被评价，也就不会有人知道自己不行。

我在大学里教希腊语的时候，不管我怎么要求把希腊语翻译成日语，有个学生就是默不作答。他虽然会英语、德语和法语，但在学习希腊语的时候遭遇了之前的人生中从未遇到过的失败。当我问学生“知道你为什么回答不出来吗？”的时候，他回答说“明白！”其实他是因为担心说错了答案，会被我认为是一个学习不好的学生。

但是，通过逃避评价而装作能做到的行为，对本人没有一点好处。如果不会，就要从不会这一现实开始努力。假如是一位合格的老师，即使指出学生的错误也不会因此而断定学生不行，坚信只要努力就一定会有收获。但问题是，有的学生从一开始就不努力，直接为自己设限，认定自己不行。

如果孩子不学习，那么在学习之外的其他方面也会想要逃避自己应该面对的课题。要想树立自己有能力解决课题的自信，必须形成自我价值认同感，也就是要认为自己有价值。

逃避课题或者中途放弃的孩子往往都不喜欢自己，没有自信。父母无法代替孩子学习，但可以帮助孩子建立自我价值认同感、树立自信。

如果孩子能够拥有自信，即使父母不做什么，孩子也会认真地投入到学习中去。

但实际上，我们却很少看到父母能够帮助孩子建立自我价值认同感，让孩子学会愉快地接纳自我。

只要努力就一定会有收获。

不要害怕失败，要勇于挑战。

受人尊敬的11岁的伟大指挥家

指挥家洛林·马泽尔（Lorin Maazel）十一岁的时候曾代替托斯卡尼尼（Arturo Toscanini）担任NBC交响乐团的指挥。他八岁的时候已经作为指挥家出了名，但乐队队员看到一个小孩子站在指挥台上都非常愤慨，不快和敌意更是溢于言表，甚至有人故意走音。

但他完整地记得总谱，因此能够迅速地一一指出队员们的错误。很快，随着排练的推进，他和这些资深演奏家们建立了良好的关系，演奏家们甚至对他产生了敬意。

从孩子出生的那一天起，父母们就希望他们有一天能成长得像自己一样强大。其实，孩子们所拥有的才能远比我们想象的丰富。但是，就像初次接触马泽尔的演奏家们一样，父母们往往无法发现他们的力量，还会轻率地断定孩子不如自己强大。

假如父母们打消这种想法，把孩子看成是和自己平等的存在并心怀尊重地与之交流，亲子关系也一定会发生极大变化。

为此，给父母们提两条建议。首先是不要说伤害孩子人格的话。恐怕也没有必要具体举例进行说明。父母认为不怎么严重的话，孩子听了之后很可能产生不一样的理解。一边说着狠话一边再跟孩子说“谢谢”，这就好比是一边扬起灰尘一边再使劲地转动空气净化器。只要不说伤害孩子的话，孩子就会精神起来。

其次是关于说话方式，建议父母们**要礼貌地跟孩子说话。**这并不是说必须一直跟孩子讲客套话，但拜托孩子干什么事的时候不要用命令的口气，而要礼貌地拜托孩子。例如，不要用命令式的口气说“快去……”，而要使用询问句或者假设句，例如可以说“你能为我做……吗？”或者“你要是能做……的话，那我就太高兴了！”多数情况下，听了这样含有拜托语气的话，孩子们会高兴地答应。

但是，如果父母拜托的内容是孩子自己的课题，聪明的孩子就会觉得父母的这种说话方式有问题，继而产生抵触情绪。所谓孩子的课题就是如前面多次提过的那样，结果最终会落到孩子身上或者最终责任只能由孩子自己承担的课题。比如，学习就是孩子自己的课题，所以，如果家长说“你能为我好好学习吗？”或者“你要是能好好学习的话，我会非常高兴！”之类的话，恐怕孩子会立即回答：“我又不是为妈妈（爸爸）而学习！”

如果父母能做到以上两点，**并且能够体会到从孩子身上也能学到很多东西的时候，**亲子关系就会与之前大不相同。

不要命令，要礼貌地跟孩子说话！

从孩子身上也能学到很多东西。

自卑感是促使人进步的原动力

当我还在上托儿所的时候，祖父就时常对我说：“长大了可要上东大[1]啊！”作为孩子的我根本不明白祖父的话是什么

[1] 东大：日本东京大学的简称，本部位于日本东京都文京区，是一所世界级著名研究型综合大学。

意思，但很快便模模糊糊地意识到似乎上了东大就能得到大人们的赞赏。

虽然不明白具体意思，但有一点是清楚的，这就是：要想上东大，必须非常聪明。这是我上小学之前的事情。

但是，上小学之后不久，我意识到**自己似乎不擅长数学。**虽然也不擅长体育，但我认为体育不好并不影响上东大。清楚地明白自己不擅长数学是在一年级暑假前的学期结业式当天拿到成绩单的时候。

当时与现在不同，成绩是用数字来表示，5 个数字代表五个等级。我家远离学区，在从学校回家的那三十分钟里，我中途好几次放下肩上的书包拿出成绩单来确认成绩。上面写的数学成绩不管怎么看都是五级评价中的“3”。于是，我很沮丧地想：“糟了！这样的话就不能上东大了吧。”

也许有人会说“3”这个成绩已经很好了，但是我自己却觉得很自卑。这种“自卑感”，也就是认为自己不行的感觉，它并不是说自己真的不行，而是一种主观感觉。所以，**不可以自己认为自己不行。**

阿德勒说自卑感人人都有，它是“对健康、正常的努力与成长的刺激”。正因为有自卑感，才会想要努力进步。不过，这不是从与他人的比较中产生的自卑感。如果现在的成绩是“3”，那就可以为了比现在的自己更好而努力，而不是为了与别人竞争。

为了孩子能够正确地认识到这一点，父母不能过于关注结果，重要的是让孩子下定决心超越现在的自己。因此，为了做到**不过于关注结果而是更重视过程**，父母要学会对孩子说“你很努力了！”之类的话。无论是爱学习的孩子还是不爱学习的孩子，父母往往会对他们说“加油啊！”之类的话。但是，如果不是非常有自信能够取得好成绩的孩子，这么说反而会给他们造成很大的压力。

另外，即使像我祖父那样原本打算激励孩子好好学习，但如果设定的目标远远超出孩子的实力，那他们就很可能会为自己的自卑感找一些诸如“要是再聪明一些就能取得好成绩了”之类的托辞。这种情况下，父母期待越高，孩子就越会以“头脑不聪明，所以无法取得好成绩”之类的说辞为借口而放弃努力。**找出某种理由来逃避课题**，阿德勒称之为“自卑情结”。认为自己无法取得好成绩来满足父母期待的孩子，就会想要找出某些理由来逃避课题。

有些孩子即使被说“其实全力以赴的话能够做到”，或者正是因为被这么说，也还是不努力学习。因为，对这样的孩子来说，留有“其实能做到”的幻想很重要，他们想借此逃避“非常努力却考不了好成绩”这样的现实。

越被说“其实能做到”，越不好好学习。

自卑感能够刺激成长。

没有经过真正努力而获得的成功转瞬即逝

我们不可以一直保持原地不动。关于学习，如果做得还不够好，那就需要加倍努力。

阿德勒把朝着更高的目标努力称作“优越性追求”。但是，有的人却不愿付出努力而试图通过轻松的方法表现得比他人优秀。考试看似是与他人的竞争，但其实基本是自己的问题，作为结果取得一个好成绩也算是努力有了回报。但若是把战胜他人看作是学习的目的，那就奇怪了。

当今社会，有时候成功代表一切，而不看你是否勇敢面对、克服困难。因此，有的人就认为即使再怎么努力，只要不能取得好结果就没有任何意义。

这种人在竞争中能够取胜的时候也许不会发生什么问题。但假如不能取得理想结果，他们就会萎靡不振，或者是为了获胜而不择手段。

我读高中时，看了老师发的印刷试卷，感觉这不是老师自己出的题，于是，下课后马上去了书店，很快便找到了老师出题用的问题集。我当时认为，只要不是抄答案，自己做出来之后照着答案看看自己做的是否正确，就不算是作弊。

但是，一旦看了答案便无法控制自己。虽说是自己先做一遍，但因为做完之后对照了答案，所以被老师提问到的时候，总是能够回答得非常完美。于是我被老师表扬说“你真棒！”这样之后就必须永远做一个好学生。

但是，**把获得老师认可当作学习的目的，这毫无疑问地**

属于动机不纯。重要的是“真正”学习好而不是“看上去”学习好。因此，如果学习不好，即使被认为是学习好的学生也没有任何意义。

学习不是为了被别人认为优秀，而是为了对他人和社会有用。在这个意义上来讲，为了获得别人认可而学习的孩子其实是只关心自己。如果是为了被人认为优秀而学习，就有可能试图通过作弊之类轻松的方法来取胜他人。阿德勒把这称为“个人的优越性追求”。

假如不付出真正的努力，即使成功了，这种成功也会转瞬即逝。父母一定要让孩子明白不应该只看重结果。为此，父母要经常对孩子说一些“你真努力啊！”之类注重过程而不是结果的话。成绩不理想的时候，父母也不要训斥孩子，以便他们能够不畏失败地再次挑战。

并非只要取得好结果就可以。

要关注过程而不是结果。

孩子要靠自己的判断来决定人生

如果孩子努力学习并且能够取得好成绩，父母就能够在一旁安心地看着孩子学习。

但是，当孩子因为考试成绩不理想而消沉的时候，或者孩子突然对学习产生疑问的时候，父母该如何应对或者父母如何才能回答孩子的疑问？如果了解了这些，就不用再焦虑不安了。

阿德勒将自己创立的心理学命名为“个体心理学”。个体心理学中的“个体”包含多层意思，阿德勒旨在把无法换成其他任何人的独特的“个体”而不是普遍意义上的人作为考察对象。

在这个意义上来讲，父母仅仅了解一般意义上的孩子还不够，必须**理解每天实际接触的孩子并懂得如何应对。**

与为孩子的事情来进行咨询的父母谈话的时候，因为父母比我更了解他们的孩子，所以我一直注意引导父母不要总是用原则性或者普遍性的条框来框定孩子。

父母究竟有没有在关注眼前的“这个”孩子呢？

实际上，父母关注的往往是“理想的孩子”。假如孩子乖巧听话、对父母言听计从，而且学习成绩优异，父母一定非常满意，但现实往往并非如此。

当父母抱着“**明明再努力一些就能取得好成绩**”之类的想法看待孩子的时候，父母看到的是理想的孩子，而不是无法换成其他任何人的现实的孩子。

即使孩子明明再努力一些就可以取得好成绩但却不付出应

有的努力，那也必须由孩子自己想办法解决。父母能够做的就是：即使孩子与父母的理想有差距，学习不努力，成绩上不去，但也要去关注眼前的这个真实的孩子，别总是拿他与理想的孩子进行比较。

就孩子来说，体会到父母无论如何都会接纳自己之后，就会获得一种无可替代的安心感。正因为有了这种安心感，才能下定决心去努力。

即使是孩子今后要选择的人生道路这一问题，父母也不应该把自己的理想强加给孩子。没有万无一失的人生，所以，父母不可以毫无根据地许给孩子一个充满希望的未来。

孩子明明已经勾画好了自己想要过的人生，父母却要把自己的理想强加给孩子。如此一来，孩子就有可能认为自己不被认可，继而产生抵触心理。并且，孩子也许还会因为抵触父母而无法冷静思考。作为父母，能做的只有帮助孩子靠自己的判断来决定人生。

没有万无一失的人生。

分清父母能够决定的和不能决定的。

译后记

孩子是每一个家庭的希望和未来，孩子的一举一动都牵动着父母的心。然而，一提到育儿问题，父母们更多的是困惑和烦恼。面对孩子成长过程中出现的诸如不好好学习、在学校捣乱等种种问题，很多父母常常不知所措。关于教育孩子究竟是该采用严厉的“虎爸虎妈”模式，还是温情的鼓励和表扬模式，教育专家们往往是各持己见、众说纷纭。而现实生活中，对于有些孩子来说，批评和表扬这两种模式似乎都不太奏效。对此，许多家长在育儿的道路上烦恼不已、苦不堪言。

对此，人本主义心理学先驱、个体心理学创始人阿尔弗雷德·阿德勒给出了与传统教育理念完全不同的解说。本书作者岸见一郎长年致力于阿德勒心理学研究，对阿德勒思想有非常独到的见解，也曾出版过影响深远的相关著作。在本书中，作者依据阿德勒思想提出教育孩子既不能批评也不能表扬这一观点，并指出教育的最终目标应该是自立。

书中指出，为了孩子的幸福，父母最应该做的是赋予孩子勇敢面对人生中诸多课题的勇气。具体来讲就是帮助孩子学会自立，教他们靠自己的力量来解决人生中的课题。只有这样才能让孩子真正树立面对生活的自信，找到自我价值认同感。如此一来，孩子的学习等很多令父母头疼的问题也会迎刃而解。

作者提出了自立需要的三大条件，并进行了详细论述。首先，对于必须由自己来决定的事情可以独立做出选择。其次，能够独立判断自己的价值。第三，能够摆脱自我中心主义。书中，作者还非常具体地讲述了父母应该如何帮助孩子实现自立。

同时，针对父母最关注的孩子学习问题，本书从阿德勒思想出发进行了详细分析，而且给出了切实可行的建议。本书中的观点认为，学习是孩子自己的课题，父母不应该横加干涉。因为，父母过多的干涉反而会对孩子的学习产生不良影响，挫伤其学习积极性，甚至造成厌学情绪。父母应该做的是在平时的生活中努力构筑良好的亲子关系，获得孩子的信赖。如此一来，孩子在需要帮助的时候才会向父母求助，然后父母才能给予孩子真正有效的帮助。

本书最大的特色是避开空洞的说教，将深奥而难懂的心理学原理分解为生活中时常遇到的问题，并一一给出详细易懂的解析和切实可行的建议。译者作为一名四年级小学生的妈妈，也常常为孩子的教育问题烦恼。在本书的翻译过程中，许多平时疑惑不解的问题逐渐明朗起来，同时还反思了平日与孩子的相处方式，实在是受益匪浅。相信本书一定能够为整日因孩子的教育问题而烦恼不已的父母们带来一种全新的理念，提供一条切实可行的思路！

聊城大学外国语学院

渠海霞

图书在版编目（CIP）数据

不管教的勇气 /（日）岸见一郎著；渠海霞译. 一
昆明：晨光出版社，2018.11（2025.9重印）
ISBN 978-7-5414-9841-1

Ⅰ.①不… Ⅱ.①岸… ②渠… Ⅲ.①儿童教育－家
庭教育 Ⅳ.①G782

中国版本图书馆CIP数据核字（2018）第166177号

著作权合同登记号 图字：23-2018-077号

BUGUANJIAO DE YONGQI

不管教的勇气

——跟阿德勒学育儿

〔日〕岸见一郎 / 著　渠海霞 / 译

出 版 人 杨旭恒

责任编辑 李 政

出　　版 晨光出版社
地　　址 昆明市环城西路 609 号新闻出版大楼
邮　　编 650034
发行电话（010）88356856 88356858
印　　刷 北京华联印刷有限公司
经　　销 各地新华书店
版　　次 2018 年 11 月第 1 版
印　　次 2025 年 9 月第 19 次印刷
开　　本 145mm × 190mm 32 开
印　　张 6.75
字　　数 60 千
I S B N 978-7-5414-9841-1
定　　价 42.00 元